NOTICE

SUR LE SÉJOUR

DE

S. EX. D. J. D'ESCOIQUIZ

DANS LA VILLE DE BOURGES.

NOTICE

SUR LE SÉJOUR

DE

S. EXC. D. JUAN D'ESCOIQUIZ

DANS LA VILLE DE BOURGES.

Par J. P. CHEVALIER DE St.-AMAND,

Membre de plusieurs Académies.

A BOURGES,

CHEZ GILLE, LIBRAIRE, RUE JACQUES-CŒUR.

1814.

DESCOIQUIZ.

Pieux, Sage et Fidèle, au Temple de Mémoire
Des Titres les plus beaux son nom vole escorté.
Il veut, quand son Génie eut suffi pour sa Gloire,
Ne devoir qu'aux Vertus son Immortalité.

Gravé par Portman

RELACION

DE LA

MORADA QUE HIZO EN BURGES

S. EX. D. J. DE ESCOIQUIZ.

POR

J. P. CHEVALIER DE SAINT-AMAND,

Miembro de varios cuerpos académicos.

EN BÚRGES,

CASA DE GILLE, CALLE JACQUES-CŒUR.

1814.

Se trouve a Paris:

Chez BELIN-LEPRIEUR, Libraire, quai des Augustins.

— DELAUNAY, Palais royal, galerie de bois.

LYON, chez CORMON et BLANC.

BAYONNE, chez BONZOM.

DE L'IMPRIMERIE DE J. B. C. SOUCHOIS.

A
LOS LECTORES ESPAÑOLES.

He compuesto primeramente esta relacion en frances, pero deseando hacer sabedores los Españoles de las buenas obras del señor don Juan de Escoïquiz, cuyos testigos fuimos, la he puesto en castellano. Como extrangero he de esperar que los Españoles me perdonarán mi estilo, en favor de mi motivo.

NOTICE

SUR LE SÉJOUR

DE

S. EXC. D. JUAN D'ESCOIQUIZ

DANS LA VILLE DE BOURGES.

Plusieurs ouvrages d'un mérite très-distingué, à la tête desquels il convient de placer un poëme épique sur la prise de Mexico, ont depuis long-tems recommandé à l'estime des gens de lettres, et particulièrement de ceux qui cultivent la littérature espagnole, le nom de S. Exc. don Juan d'Escoïquiz, Conseiller d'Etat, Archidiacre d'Alcaraz, Chanoine de l'église de Tolède, etc. Malgré son goût dominant pour la poésie, M. d'Es-

RELACION

DE LA

MORADA QUE HIZO EN BURGES

S. EX. D. J. DE ESCOIQUIZ.

M̲uchas obras poéticas excelentes, cuya maestra es por cierto la Mexico conquistada, poema heroyco, * han recomendado mucho tiempo hay á favor de los literatos, y particularmente de los que cultivan la poesia española, el nombre de su Excelencia don Juan de Escoïquiz, Consejero de estado de S. M. Cat., Arcediano de Alcaraz, Canónigo de la Santa Iglesia de To-

---

* *Mexico conquistada, poema heroyco,* 2 *vol in–*8.º *con fig. Madrid, imprenta real,* 1798.

coïquiz n'en a pas moins étudié avec succès les sciences exactes, et ce fut à ses connaissances en cette partie qu'il dut le titre de précepteur du prince des Asturies, aujourd'hui S. M. Ferdinand VII. Mais ce qui a contribué le plus à faire connaître généralement en France M. d'Escoïquiz, ce sont les derniers événemens politiques de l'Espagne, dans lesquels ce vénérable Archidiacre d'Alcaraz a joué constamment le rôle si noble d'un sujet tout dévoué à la cause de son Roi légitime.

Nous n'entreprendrons pas de passer ici en revue toutes les circonstances qui ont marqué la vie de M. d'Escoïquiz. Ses titres littéraires sont justement appréciés, comme nous l'avons déjà dit. Quant à sa carrière politique, elle est assez connue des Français et des Espagnols; et si (ce qui malheureusement ne s'est que trop vérifié) quelques-unes de ses actions avaient pu être mal interprétées par l'ignorance ou la malignité, l'ouvrage qu'il a publié à Madrid, et dont M. le docteur Raynal donne aujourd'hui la traduction, nous dispense d'une justification qui ne saurait être ni plus fran-

ledo, etc. No obstante la afición que tomó siempre á la poesia, se ha aplicado tambien á aprender las ciencias exâctas, y sus sucesos en este estudio le han logrado el título que tuvo de preceptor de matemática del Principe de las Asturias, hoy S. M. don Fernando VII; pero lo que mas ha dado de conocer el señor de Escoïquiz á toda Francia, es la última revolucion de España, durante la qual ese venerable Arcediano de Alcaraz hizo constantemente el generoso papel de sujeto fielmente dedicado en servicio de su legitimo Rey.

No entraré aquí en el exâmen general de las circunstancias que han señalado la vida del señor don Juan, cuya gloria literaria esta justamente apreciada, como he dicho ántes: en quanto á su curso político, le conocen bastante los Españoles y Franceses, y si la ignorancia ó malignidad hubiesen de dar un mal sentido á algunas acciones suyas, como en efecto se ha verificado por desdicha, la obra que ha sacado á luz en Madrid, cuya traduccion francesa ofrece hoy el señor Raynal al publico, hace inutil de mi parte una justificacion que no pudiera ser mas sincera, completa, ni convincente

che, ni plus complète, ni plus convaincante que celle que le lecteur trouvera dans l'ouvrage dont nous venons de parler. Nous nous contenterons de peindre M. d'Escoïquiz tel que l'ont connu à Bourges les personnes qui ont été à même de l'approcher, durant son exil, c'est-à-dire pendant cinq ans.

Sa vie était partagée entre les exercices de piété, des actes continuels de bienfaisance, et des travaux littéraires, à l'aide desquels il ne se proposait pas moins d'adoucir les ennuis de la prison de son Roi, que d'ajouter à la réputation que lui avaient acquise ses précédens ouvrages. Parmi ceux que ce double et honorable motif lui fit entreprendre, nous citerons, 1.° la traduction du Paradis Perdu, avec les notes d'Adisson (1); 2.° celle de M. Botte, roman de M. Pigault-Lebrun, dont le traducteur a supprimé les passages qui pouvaient blesser la religion et les mœurs (*inédit*); 3.° et un autre roman, aussi inédit, et uniquement destiné, comme la traduction de M. Botte, à amuser les pénibles loisirs des princes

---

(1) Paraiso perdido, poéma de Milton, traducido en verso castellano, 3 vol. in-8.° con fig. Búrges, imprenta de J. B. C. Souchois, en casa de Gille, librero, 1812.

que la que incluye dicha obra apologética. Limitaré mi trabajo en pintar al señor de Escoïquiz, tal qual se ha dado de conocer á las personas que han podido acercarse á él, miéntras que estuvo desterrado eu Búrges, eso es durante cinco años.

Partia el tiempo en exercicios religiosos, en obras pias, y trabajos literarios por cuyo medio se proponía aliviar las penas de su Rey cautivo, y tambien acrecentar el nombre que le habian conseguido sus anteriores obras. Entre las que emprendió por ese doble y honorable motivo citaré 1.º *El Paraiso Perdido, poema de Milton, traducido en verso castellano, con las notas de Adison* (1); 2.º *la traduccion de* M. Botte, *romance del señor Pigault-Lebrun*, de que apartó cuidadosamente los pasages que ofendian la religion, y las buenas costumbres (no sacada à luz); 3.º y otro romance tambien inedito, y únicamente destinado como la traduccion de M. Botte, para suavizar los dolores del Rey é Infantes de España: no se habla aquí de otras,

---

(1) Tres volúmenes in-8.º, con figuras. Búrges, imprenta de J. B. C. Souchois, y se vende en casa de Gille, librero.

d'Espagne, sans parler d'autres ouvrages qu'il n'a pas eu le temps de terminer en France.

Nous ne saurions nous dispenser de mentionner ici la réfutation qu'il a faite d'un ouvrage contre l'Inquisition, non que nous connaissions ni l'ouvrage, ni la réfutation que nous ne saurions approuver sans la connaître; mais quoiqu'il en soit nous nous déterminons à en parler, parce qu'elle se rattache à un fait qu'il n'est pas indifférent de rapporter. Cette réfutation fut provoquée par un manuscrit très-étendu sur le Saint-Office, que son auteur avait présenté à l'approbation de M. d'Escoïquiz, qui le jugea rempli de mensonges et d'absurdités. Postérieurement, l'autorité supérieure défendit à l'auteur de le livrer à l'impression. Celui-ci, pour se venger des censures de M. de Escoïquiz, le dénonça à la police, comme ayant des correspondances secrètes. On redoubla de surveillance envers M. d'Escoïquiz; mais, au bout de huit jours, l'autorité mieux instruite cessa de donner suite à cette misérable affaire.

á las quales su autor no ha tenido el tiempo de dar la última mano en Francia.

No puedo omitir en esa noticia la refutacion que ha hecho el señor don Juan de Escoïquiz, de un librejo contra la Inquisicion, dado que no conozca yo ni el librejo, ni la refutacion, que no puedo aprobar no conociendola, pero, sea lo que fuera, me resuelvo á hablar de ella, pues que tiene connexion con un caso que pide demasiada atencion para no ser referido. Fué provocada esta refutacion por una obra manuscrita muy larga sobre el Santo Oficio, que su autor se atrevió á ofrecer á la aprobacion del señor de Escoïquiz, que la juzgó llena de mentiras, y disparates. Despues la superior autoridad prohibió al libelista que sacara á luz su folleto. Ese, para vengarse de la censura de don Juan, le acusó delante de la policia como quien habia comunicaciones secretas por escrito. Se observó con mayor cuidado á don Juan, pero despues de ocho dias, la autoridad mas bien enterada de la verdad, dexó de proseguirle.

Le reste de l'existence de M. d'Escoïquiz à Bourges se compose de traits de cette active bienveillance pour ses semblables, que Cicéron a si bien désignée par ces mots : *Charitas humani generis*. La charité de cet excellent homme s'étendait à tout ce qu'il y avait de malheureux : Espagnols ou Français, peu lui importait ; et ce qui doit être signalé, dans un temps où les différences d'opinions semblaient rendre l'homme étranger à l'homme, les bienfaits de M. d'Escoïquiz allaient chercher les infortunés, qui avaient pris les armes contre la cause que lui-même avait embrassée, et à laquelle il avait sacrifié ses honneurs, sa fortune et sa patrie.

Les actes de charité qui ont marqué son séjour parmi nous sont trop nombreux, pour qu'il ne nous soit pas permis d'en restreindre l'énumération aux principaux ; c'est-à-dire à ceux qui ont exigé les plus grands sacrifices de la part de leur auteur ; cependant la justice veut que nous rappellions, avant d'aller plus loin, que, dans ses bonnes œuvres, M. d'Escoïquiz eut la satisfaction de se voir seconder par M. de

Lo demas de la vida del señor de Escoïquiz en Búrges se forma de los hechos que inspira al hombre aquella activa benevolencia para con sus semejantes, que llama Cicero con tanta justicia: *charitas humani generis.* Abrazaba la caridad de ese respetable canónigo á todos que eran desdichados: poco le importaba que fuesen Españoles, ó Franceses, y lo que se debe señalar en un tiempo en que las diferencias de opiniones parecian hacer el hombre extraño para el hombre, los beneficios del señor de Escoïquiz iban á buscar á los desgraciados que habian tomado las armas contra la causa que habia elegido, sacrifiandole él mismo sus honores, hacienda y patria.

Los buenos oficios que han manifestado su morada en nuestra ciudad, son demasiado numerosos para que no me sea permitido limitar la numeracion de ellos á los principales, eso es á los que han exígido de la parte suya mayores sacrificios; sin embargo pide la justicia que, ántes de ir mas léjos, yo recorde, que en sus obras meritorias tuvó el señor de Escoïquiz el gusto de verse ayudar por el señor y la señora de Peral, sus primos,

Péral, son parent, et madame de Péral, épouse de ce dernier, bien dignes, par leurs vertus de partager ses actes de philantropie, comme ils partageaient son exil.

En 1810, les prisonniers de guerre espagnols affluaient à Bourges, tous exténués de fatigue, de besoin et privés entièrement de vêtemens. En moins de huit jours, toutes les friperies de la ville furent dégarnies par les généreux exilés, afin de procurer à leurs infortunés compatriotes des habits, des chemises, en un mot tout ce qui leur était nécessaire. Mais l'acquisition de ce qui se trouvait dans les friperies, toute onéreuse qu'elle était, n'était pas encore proportionnée au besoin des prisonniers ; car il n'était plus question seulement des prisonniers espagnols de Bourges : ceux des autres dépôts avaient fait un appel à la bienfaisance de M. d'Escoïquiz, c'est dire assez qu'ils furent entendus. Cependant les ressources de M. d'Escoïquiz s'épuisaient journellement ; elles l'étaient même déjà tout-à-fait ; mais sa confiance dans le père commun des hommes soutenait son zèle pour la cause de l'humanité. Il implora la bonté de son Roi en faveur de ses malheureux

verdaderamente dignos por sus virtudes de acompañarle en sus limosnas, como le acompañaban en su destierro.

En el año de 1810 los prisioneros de guerra españoles concurrian en abundancia en Búrges, todos extenuados por fatiga y necesidad, y careciendo absolutamente de vestidos. Antes de ocho dias despues de su llegada, todas las prenderias de la ciudad fuéron desgarnecidas por los generosos desterrados, para que ministrasen á sus desventurados compatriotas ropas, camisas, en breves todo lo de que faltaban; pero la adquisicion de lo que se habia hallado en los baratillos, aunque onerosa fuese no igualaba las necesidades de los prisioneros, pues ya no se trataba únicamente de los prisioneros españoles que estaban en Búrges; los de otros depositos de Francia habian llamado á don Juan de Escoïquiz en su auxîlio, lo que significa que sus ruegos fuéron oïdos. Entre tanto se apuraban de dia en dia los recursos del bienhechor; ya lo estaban totalmente, pero su confianza en el comun padre de los hombres sostenia su zelo para la causa de la humanidad. Imploró la benignidad de su Rey en

sujets; Ferdinand se rendit sans peine au vœu que lui exprimait son vertueux instituteur, et de nouveaux secours furent distribués aux prisonniers. Une circonstance qui ajoute, s'il est possible, au mérite de cette action, c'est l'extrême difficulté qu'éprouvait M. d'Escoïquiz à faire parvenir sa demande jusqu'à son maître, toujours persécuté par des espions qui ne laissaient rien pénétrer dans sa prison, et qui n'en laissant non plus rien sortir, mettaient S. M. dans l'embarras non moins grand de satisfaire la juste impatience de M. d'Escoïquiz.

Ce fut environ vers ce temps que M. de Escoïquiz et sa famille, ayant dépensé en bonnes œuvres tout ce qui était à leur disposition, et ne pouvant, à cause des difficultés dont nous avons parlé plus haut, distribuer aux infortunés les bienfaits que Ferdinand VII n'eût pas manqué de verser sur eux; ce fut alors, disons-nous, que les amis des pauvres prirent la résolution de se retirer à la campagne, afin d'y faire des économies qui les missent à portée d'être encore utiles aux êtres sacrés qu'avaient adoptés leurs cœurs : *Res sacra miser.*

favor de sus infelices sujetos; se rindió fácilmente Fernando á los ruegos de su virtuoso preceptor, y nuevos socorros fuéron repartidos entre los prisioneros. Una circunstancia que aumenta, si es posible, el merito de esta accion es el excesivo embarazo que experimentaba don Juan en hacer llegar su demanda hasta su soberano señor, siempre rodeado por espías, que no dexando penetrar dentro de su cárcel, ni tampoco salir alguna cosa de ella, ponian S. M. en la misma dificultad de contentar la impaciencia muy natural de don Juan.

Fué tambien acia dicho tiempo, que el señor de Escoïquiz y sus primos habiendo gastado en obras pias todo el dinero, cuya disposicion estaba en su poder, y las dificultades de que acabo de hablar poniendoles en imposibilidad de distribuir á los desdichados los beneficios, que S. M. don Fernando hubiera derramado ciertamente sobre ellos, entonces digo, los amigos de los necesitados hiciéron animo retirarse en el campo, para juntar ahorros que les permitiesen probarse de nuevo utiles á los seres sagrados, que habia adoptado su corazon: *Res sacra miser.*

On se doute bien qu'ils réussirent dans leurs pieuses intentions. Des témoins oculaires nous ont assuré que rien n'était plus touchant que le tableau de ces trois personnes à la campagne. Il fallait voir M. d'Escoïquiz, semblable à un patriarche, se promener au milieu des villageois qu'il éclairait et consolait tour-à-tour par la religion, par l'ascendant de la vertu, et par des secours de toute espèce. Madame de Péral visitait les chaumières, et l'on devine assez quels étaient le but et le résultat de ses visites. M. de Péral seul se désolait de ne pouvoir plus, comme à la ville, aller chaque jour, dans les hôpitaux, dans les prisons, dans les réduits du pauvre chercher les occasions de faire le bien; mais l'idée qu'il n'habitait la campagne que pour se ménager les moyens de l'opérer plus facilement dans la suite, adoucissait un peu l'amertume de ses regrets. Nous allons revoir nos voyageurs à la ville, et nous les retrouverons toujours les mêmes.

Une femme espagnole, dont le mari était prisonnier de guerre, se dirige vers Bourges, dans l'espoir de l'y trouver. Celui-ci était dans un autre dépôt. La malheureuse tombe

Ya puede sospechar el lector que salíeron bien en su piadosa empresa. Unos testigos oculares me han afirmado que no habia espectáculo mas lastimero que él de esos tres personages en el campo. Era preciso ver á don Juan semejante à un patriarca, pasearse entre los aldeanos, á quienes instruya y consolaba sucesivamente por la religion, la superioridad de la virtud, y por socorros de toda especie. La señora de Peral visitaba las chozas, y se puede bastante acertar el fin y efecto de sus visitas.

El señor de Peral solo se contristaba por no poder, como en la ciudad, ir á ver á enfermos, encarcelados, necesitados, buscando la ocasion de hacer bien; pero se consolaba algo con el pensamiento que no vivia en campo, sino para proporcionarse los medios de hacer mas bien. Volvemos á ver á nuestros viageros en la ciudad, y siempre se ofrecerán del mismo modo á nuestros ojos.

Una muger española, cuyo marido era prisionero de guerra, se dirige acia Búrges con la confianza de encontrarle aquí. Este vivia en otro deposito; la desventurada se convierte enferma, y muere pocos dias des-

tombe malade et meurt peu de jours après son arrivée, laissant une fille âgée de sept à huit ans qu'elle avait menée avec elle. Une pauvre femme recueille l'enfant que sa triste position l'empêchait, au reste, de pouvoir nourrir. Cette généreuse action parvient aux oreilles de la famille, qui était devenue pour les Espagnols une seconde providence. La pauvre femme est soulagée dans sa misère, et la petite fille admise dans la maison de M. d'Escoïquiz, qui prend soin de la faire élever par les sœurs de Saint-Vincent-de-Paule, d'une manière conforme à son état. Cet enfant a suivi ses bienfaiteurs en Espagne.

M. d'Escoïquiz et ses dignes collaborateurs, dans le soin d'adoucir les misères humaines, préparaient un paquet de linges, hardes et autres objets, destinés à un prêtre espagnol détenu à Nevers, et qui était dans le plus grand dénûment. Un habitant de Bourges, admis dans leur intimité, se rappela qu'il avait été question de faire faire une redingotte qu'il ne voyait pas là: il fait remarquer cet oubli. La famille en convint; mais comment le réparer? Il était tard; on se désole; M. d'Escoïquiz trouve moyen

pues de su llegada, dexando una hija de siete ú ocho años de edad, que habia ella traido consigo. Una muger pobre recoge á la niña, á quien por lo demas su extrema necesidad le empedia dar el alimento. El ruido de esta generosa accion llegó hasta los oidos de la familia que era en adelante otra providencia para los Españoles: socorriéron á la pobre muger, y admitiéron en su casa á la niña, que entregáron á las sores de San Vicente de Pabla para que le diesen una educacion conforme á su condicion. Despues esta niña ha pasado á España con sus bienhechores.

El señor de Escoïquiz y sus dignos cooperadores en el cuidado de aliviar las miserias humanas, preparaban un paquete de paños, vestidos, y otros objetos que habian de enviar á un cura español encarcelado en Nevers, y que se hallaba en la mas absoluta necesidad. Un paisano de Búrges, que tenia con ellos trato libre y amistoso se acordó de que se habia resuelto hacer una capote que no veia en el paquete; hizo observar este olvido; en eso convinieron, pero ¿ como remediarlo ? Era demasiado tarde, se contristaban; el señor don Juan

de remédier à tout. Il se dépouille d'une redingotte qu'il ne portait que depuis peu de jours, et la fait placer dans le paquet.

Il serait trop long de suivre M. d'Escoïquiz dans les asiles des pauvres, à qui il fit distribuer du pain et de la viande, pendant la disette de 1812; dans les prisons, où il ne paraissait jamais sans prodiguer d'abondans secours; dans les hôpitaux, où il répandait sans cesse de nouveaux bienfaits, et priant les médecins de ces établissemens de veiller avec soin aux besoins des malades, et de l'en instruire, pour qu'il pût y pourvoir.

Ce qui ajoute encore au mérite des bonnes actions de M. d'Escoïquiz, c'est que, lorsqu'il le pouvait, il prenait soin de cacher aux malheureux la main qui cicatrisait leurs plaies. Une veuve sans ressources et chargée d'enfans reçut pendant la disette dont nous venons de parler, des secours en argent et du pain en quantité suffisante pour sa subsistance et celle de sa famille. La première fois que cette aumône lui fut apportée par le boulanger, elle s'obstinait à la refuser: hélas! disait-elle, vous vous êtes trompé, je ne vous ai rien fait demander; d'ailleurs

halló remedio á todo con desnudarse de una redingote que no llevaba, sino pocos dias hacia, haciendola incluir en el paquete.

Seria demasiado largo el seguir á don Juan en los asilos de pobres, á quienes hizo distribuir pan y carne durante la hambre de 1812; en las cárceles en que parecia nunca, sino para derramar auxilios con profusion; en los hospitales teatro siempre nuevo de sus beneficios, y cuyos medicos rogaba para que cuidasen con atencion de las necesidades de los enfermos, y le instruyesen para que pudiese remediarlas.

Una circunstancia que aun aumenta el merito de las obras pias del señor de Escoïquiz, es el cuidado que se tomaba en ocultar á los infelices, quando le era posible, la mano que cicatrizaba sus llagas. Recibió una viuda sin recursos, y que tenia gravámen de muchos hijos, durante la hambre arriba mencionada, socorros de dinero, y bastante pan para alimentarse y á su familia. Por la primera vez que le llevó el panadero esta limosna, aquella la rehusó obstinadamente deciendole: ¡Ay de mi! Os habeis equivocado: nada

je n'ai plus les moyens de vous payer un aliment devenu si cher. N'importe, répondit le boulanger; prenez toujours : ignorez-vous qu'il existe une Providence ?

Tout était pour M. d'Escoïquiz et sa vertueuse famille une occasion de bienfaisance. Le médecin de Mad. de Péral, dont la santé était continuellement chancelante, lui conseilla l'air de la campagne. Toute la famille se rend à un bourg distant de trois lieues de la ville de Bourges. Ils descendent chez le curé, et s'informent de lui des malheureux qui vivaient dans sa paroisse. Ils apprennent qu'une femme, réduite à la dernière misère, habitait une cabane avec sa fille encore en bas âge, que tourmentait un mal qu'on jugeait incurable, et qui avait déjà réduit à l'état de putréfaction partie d'une jambe et d'une cuisse de l'enfant. Ils se rendent sur le champ à ce séjour de douleur, y portant, suivant leur habitude, des secours réels et des paroles de consolation. Le lendemain, ils y retournent, lavent la plaie, la pansent, versent de nouveaux secours, et grâce à leur zèle constamment soutenu, ils ne tardèrent pas à voir leurs soins couronnés du plus heureux suc-

os hice pedir, y por lo demas ya no tengo medios de pagaros un alimento que esta hoy tan caro. No importa respondió el panadero: tomad á pesar de eso. ¿ Ignorais pues que existe una Providencia?

Todo era para él y sus primos ocasion de beneficencia. El medico de la señora de Peral, cuya salud estaba siempre vacilante, le aconsejó mudar de ayres, é ir al campo. Toda la familia pasó á un pueblo distante de Búrges de tres leguas. Entráron á casa del párroco, y tomáron de él noticias de los necesitados que estaban en su parroquia. Supiéron que una muger muy pobre vivia en una choza con su hija casi en la primera niñez, que atormentaba un mal reputado por incurable, y que ya le habia corrompido parte de la pierna y muslo. Van de repente á esta morada de dolor, llevando conforme á su costumbre efectivos socorros y palabras consolatorias. Por la mañana vuelven á misma casilla, limpian la llaga, le ponen medicamentos, derraman otros auxílios, y gracias á su zelo sostenido constantemente, viéron pronto sus cuidados obtener el mejor exíto que se puede. Estos generosos extrangeros proveyéron de vestido á la niña, le hiciéron tomar un

cès. Ces généreux étrangers habillèrent à leurs frais la jeune fille, lui firent prendre un état, et ils ne cessèrent d'en avoir soin que lorsqu'ils s'éloignèrent de Bourges. Comme pour remercier le curé du lieu de leur avoir procuré l'occasion de faire cette bonne action, ils le prièrent d'accepter un cheval, afin, dirent-ils, qu'il allât plus facilement visiter ses paroissiens malades.

Ils opérèrent plusieurs guérisons semblables à celle dont nous venons de parler, à l'aide de la même composition, dont ils ont communiqué la recette à l'hôpital général de Bourges.

Qu'à l'amour de la religion, du prince, de l'humanité et des Lettres, on ajoute un caractère doux, affable, égal, ami d'une gaîté décente, on aura une juste idée de M. d'Escoïquiz.

Tels sont les rapports sous lesquels il s'est fait connaître dans cette ville, où il a laissé de nombreux admirateurs de ses vertus, et des obligés auxquels il a trouvé le secret d'être encore utile depuis son retour auprès du Roi son maître. Toutefois, on ne saurait

estado, y no dexáron sus cuidados para con ella, sino qnando se marcháron de Búrges. Asi como hubiesen querido agradecer al párroco por haberles proporcionado la ocasion de hacer bien, le diéron un caballo: para que, como dixéron, fuese mas facilmente á visitar á sus parroquianos enfermos.

Obráron muchas tales curaciones por medio del mismo medicamento, cuya receta han comunicado al hospital general de Búrges.

Que se añada al amor de la religion, del Rey, de la Humanidad y de las Letras, una indole benigna, afable, constante, amiga de la alegria decente, se tendrá justa idea del señor don Juan de Escoïquiz. Aquí los aspectos debaxo de los quales se ha dado de conocer en esa ciudad, en que ha dexado numerosos admiradores de sus virtudes y reconocidos, á quienes ha sabido favorecer todavia despues de su vuelta cerca del Rey su soberano señor. Sin embargo no se puede disimular que hombres mal enterados se han atrevido á imputarle parte de las calamidades que asoláron su patria. El no igno-

se le dissimuler, il s'est trouvé des personnes mal informées, qui ne craignaient pas de l'accuser d'une partie des malheurs qui ont pesé sur son pays. M. d'Escoïquiz n'ignorait pas l'existence de ces injustes préventions, et pour comble de malheur, il ne pouvait les détruire ouvertement qu'en se justifiant, comme il vient de le faire. Déjà il ramassait à Bourges les matériaux nécessaires à cet effet, et dont il a fait usage dans son dernier ouvrage ; mais à l'époque de son séjour en France il ne pouvait rien imprimer sur cet objet : la police ombrageuse du dernier gouvernement s'y opposait trop évidemment. M. d'Escoïquiz s'est expliqué avec franchise sur sa conduite politique, aussitôt qu'il l'a pu faire avec liberté, et nous ne doutons pas que l'exposé qu'il a présenté à ses compatriotes, ne dissipe les préventions que quelques-uns des nôtres ont adoptées trop légèrement. C'est pour hâter en quelque sorte le jour de la justice, qui doit enfin se lever pour cet homme également recommandable par sa piété, sa charité, son patriotisme et ses talens, que M. le docteur Raynal s'est empressé de traduire en français l'Exposé de

raba la existencia de aquellas injustas prevenciones y para mayor desgracia no podia destruirlas abiertamente, sino justificandose como acaba de hacer. Ya por ese motivo recogia en Búrges los materiales de que tenia menester, y que ha empleado en su última obra, pero miéntras que moraba en Francia no le fué licito imprimir nada sobre tal asunto, porque la policia desconfiada del último gobierno se declaraba con demasiada tiranía contra semejante publicacion.

Se ha explicado el señor de Escoïquiz con sinceridad sobre su conducta política, desde luego que ha podido hacerlo con libertad, y no es dudoso, que el relato ofrecido por él á sus compatriotas desvanezca los rumores, á los quales han dado credito algunos de nuestros con demasiada ligereza. Es para acelerar, si es permitido decirlo asi, el dia de justicia, que ha de salir en fin para un hombre igualmente recomendable por su piedad, caridad, patriotismo y talento, que el señor doctor Raynal se ha dado diligencia en la traduccion francesa del relato de don Juan. Por lo demas importaba sacar pronto á luz, en la ciudad de Francia

M. d'Escoïquiz. Il n'était pas d'ailleurs indifférent que l'on se hâtât de publier dans la ville de France où M. d'Escoïquiz laisse après lui tant de doux souvenirs, une apologie qui doit lui assurer l'estime de la France entière, celle de sa nation, et des hommes de tous les pays demeurés fidèles à la cause du trône et de l'autel.

Bourges, ce 25 septembre 1814.

en que ese excelentisimo señor dexa trás de él tan honrable memoria, la apologia que debe asegurarle la estima de toda Francia, la de su nacion y de los hombres de todos paises, que se han probado fieles á la causa del trono y del altar.

Búrges, hoy 25 de septiembre año de 1814.

www.ingramcontent.com/pod-product-compliance
Lightning Source LLC
Chambersburg PA
CBHW060722050426
42451CB00010B/1585